Kriegsinvaliden-Gesellschaften

Kriegsinvaliden-Gesellschaften

Die wirtschaftliche Versorgung der Kriegsinvaliden auf gewerblichem und industriellem Gebiete

Ein neues Genossenschaftsprogramm
von
Dr. R. Deumer
Hamburg

München und Leipzig 1915
Verlag von Duncker & Humblot

Altenburg
Pierersche Hofbuchdruckerei
Stephan Geibel & Co.

Inhalt.

I. **Warnungen und Wahrheiten. — Folgerungen und Forderungen zu dem Kriegsinvalidenversorgungsproblem** ... 7

  1. Die Notwendigkeit einer systematischen Stellungnahme zu dem Versorgungsproblem ... 9
  2. Warnung vor zu weitgehenden Erwartungen. Der Aberglaube des „Sich-von-selbst-ausgleichens" der Kriegsschäden. Die Rücksichtslosigkeit im Arbeitskonkurrenzkampfe ... 10
  3. Die herkömmliche Methode. — Das neue Programm ... 14
  4. Das Recht auf Arbeit ... 15
  5. Die Unzulänglichkeit des bisherigen Rentensystems ... 19
  6. Die Notwendigkeit der Funktionsvereinigung im Arbeitsprozesse von Kriegskrüppeln ... 20

II. **Das Reformwerk** ... 25

  7. Die Vorteile der genossenschaftlichen Organisation in der Kriegsinvalidenvereinigung ... 27
  8. Der neue Gesellschaftstyp. Kein Wiederaufleben der abgegriffenen und fehlgeschlagenen Produktivgenossenschaftsform. Geregelte Arbeits- und Lohnverhältnisse ... 29
  9. Der Ausbau der Erwerbsvereinigung zur ökonomischen Vereinigung für Lebensmittel- und Wohnungsbedarf ... 32
  10. Die Grundzüge der neuen Genossenschaftsverfassung ... 34
    a) Die Gruppierung und Unterbringung der Kriegsinvaliden ... 34
    b) Die neue Rechtsform ... 35
    c) Die staatliche Mitwirkung ... 36
    d) Die korporative Gestaltung der neuen Vereinigung ... 37

		Seite
11.	Die finanzielle Ausgestaltung der Kriegsinvaliden=Gesellschaften	38
12.	Die Absatzfrage des Unternehmens und ihre Lösung	42
13.	Warnungen vor Verwechselungen des neuen Programms mit ähnlichen Bestrebungen	44
14.	Die Reife der Zeit für die Verwirklichung des Programms	46
15.	Schlußwort	47

I. Warnungen und Wahrheiten. — Folgerungen und Forderungen zu dem Kriegsinvalidenversorgungsproblem.

1. Die Notwendigkeit einer systematischen Stellungnahme zu dem Versorgungsproblem.

Bei einiger Orientierung in der gegenwärtigen Frage der wirtschaftlichen Versorgung der Kriegsinvaliden läßt sich eines nicht verkennen. Es fehlt an der Durcharbeitung eines Systems der wirtschaftlichen Versorgung dieser Kriegsinvaliden. Lediglich für die Heilbehandlung, die orthopädische Weiterbehandlung und Ausbildung der Kriegskrüppel zur Wiedererlangung ihrer Erwerbsfähigkeit ist durch die deutsche Vereinigung für Krüppelfürsorge vorgesorgt. Dagegen ist das wichtigste Gebiet einer geregelten Arbeitsverschaffung und Erhaltung eines möglichst gesicherten Erwerbes — von Vorschlägen und Ermahnungen an die Arbeitgeber und andere Interessenten abgesehen — so gut wie gar nicht organisiert. Man glaubt, mit einigen Appells an die Arbeitgeber und der Einrichtung von Arbeitsnachweisen genügend Vorsorge getroffen zu haben, man erwartet ein endliches „Sich=von=selbst=ausgleichen", wenn die Krüppel nach Besuch der Krüppelschulen oder ohne eines solchen an ihre alte Umgebung zurückversetzt werden. Man wird sich in diesem sehr bequemen Aberglauben an die endliche „Sich=von=selbst=ausgleichung" ganz gründlich täuschen. Die Gründe hierfür werden alsbald auseinandergesetzt werden. Sodann soll versucht werden, ein System der wirtschaftlichen Versorgung unserer Kriegsinvaliden zu entwickeln.

2. Warnung vor zu weitgehenden Erwartungen. Der Aberglaube des „Sich-von-selbst-ausgleichens" der Kriegsschäden. Die Rücksichtslosigkeit im Arbeitskonkurrenzkampfe.

Es ist ganz zweifellos, daß die Krüppelschulen unschätzbare Verdienste um eine Wiederherstellung eines gewissen Grades von Erwerbsfähigkeit leisten werden — das Problem der Berufsversorgung lösen sie nicht. Sie lösen es ebensowenig, wie alle anderen Bildungsstätten und Schulen eine Garantie übernehmen können, daß ihre Besucher und selbst durch Prüfung qualifizierte Schüler im großen Verkehrsleben, das sie nach ihrer Entlassung aufnimmt, einen geeigneten Erwerbsplatz finden und dauernd einnehmen. Nur ein gewisses Maß von Voraussetzungen, die im Verkehrsleben zur Erfüllung von Arbeitsaufgaben erfordert werden, wird den Kriegsinvaliden durch die orthopädische Heilbehandlung und die Krüppelschulen verschafft — im übrigen sind sie aber dem freien Spiel der Kräfte im großen Konkurrenzkampfe um das tägliche Brot, um einen bescheidenen Platz an der Sonne im Kampfe aller gegen alle ebenso ausgesetzt wie ihre glücklichen unversehrten Mitbrüder. Es scheint mir im größten Interesse aller Kriegsverletzten zu liegen, nicht zu optimistisch ihre Versorgungsmöglichkeit einzuschätzen; es werden sich Erfahrungen einstellen, die Enttäuschungen bedeuten. Das ist nicht Verkennung idealer Bestrebungen der bisherigen Kriegskrüppelfürsorge; es ist die Betonung eines Naturgesetzes, nach dem stärkere Kräfte den schwächeren weichen, gesunde Glieder den kranken gegenüber die Oberhand gewinnen werden, eines Naturgesetzes, das im Einzelkampfe des Individual=Wirtschaftslebens ebenso wie im Völker=kampfe herrscht. Seine brutale Wirkung wird sich auch bei der Unterbringung der Kriegskrüppel leider durchsetzen. Es empfiehlt sich nicht, durch schön gefärbte Gläser ihr künftiges Dasein zu betrachten. Ziehen wir lieber vor, ihr Erwerbs=schicksal unter eine scharfsehende Lupe zu nehmen.

Die Kriegskrüppelfürsorge schreibt: „Oberstes Gesetz ist, daß der Verwundete möglichst wieder in seiner alten Arbeits=stelle und in der Heimat beschäftigt wird. Keine Kasernierung in Heimen oder Massensiedlungen, sondern Zerstreuung unter das schaffende Volk! — Keine unwürdige Fütterung oder Almosen, sondern Arbeit und Rückversetzung in die alte Um=gebung." Das sind Vorschläge, die zweifellos die beste Lösung erstreben. Auch die einfachste, bequemste und billigste: Die Wiederherstellung des status quo ante. Man denkt es sich so, der Verstümmelte wird in den Krüppelschulen wieder her=gestellt und an seinen alten Arbeitsplatz zurückversetzt. Ob auch Wirtschaftspolitiker, die Einblick in den bisherigen Arbeitsmarkt und das Erwerbsleben genommen haben, ob auch Sozialpolitiker, die mit dem Auftreten menschlicher Schwächen rechnen, an eine solche einfache Lösung dieses Versorgungsproblems glauben?

Diese menschlichen Schwächen, die sich der Durchführung dieses Problemes, wenn nicht in allen, so doch in zahlreichen Fällen entgegenstellen werden, werden sich einmal auf seiten manches Kriegsinvaliden selbst zeigen, der sich unter Berufung auf seine Rentenberechtigung scheuen könnte, gewisse Ver=richtungen in der Krüppelschule zu erlernen. Beneficia non obtruduntur! Es gibt auch kein Gesetz, das ihn zwingen könnte, die Krüppelschule durchzumachen. Man muß mit den seltsamsten Charakter= und Naturveranlagungen der Menschen rechnen, nicht allein mit dem Auftreten der Rentenpsychose, sondern insbesondere mit dem allgemeinen Trägheitsmoment. Es kostet ganz zweifellos eine unermüdliche Geduld und eine eiserne Willenskraft, trotz Verkrüppelung eine gewisse Verrichtungsfähigkeit zu erlangen. Werden alle Kriegskrüppel über eine solche körperliche und seelische Ausdauer verfügen? Man muß mit den ungebildetsten Elementen rechnen, man muß in Betracht ziehen, daß zahlreiche Kriegsinvaliden den törichten Glauben haben, als Krämer oder Schankwirt oder Zigarrenhändler ohne körperliche Anstrengung trotz Verkrüppelung oder gerade mit dieser einen lohnenden Verdienst im Kleinhandel zu finden. Wer nicht aus dem Kleinhandel schon stammt und daher nur in die vielleicht von Frau oder Freund während der Kriegszeit verwaltete Erwerbsstätte zurückzukehren braucht, muß eindringlichst davor gewarnt werden, den schon bislang überfüllten Stand der Kleinhändler zu vermehren helfen. Hier müssen auch die Organisationen des Kleinhandels vor einem solchen Übertritt in den Kleinhandel warnen! Deshalb betrachte ich auch die Kapitalabfindungen an Stelle der Renten, soweit es sich unter Berufswechsel um den Erwerb von Erwerbsstellen im Kleinhandel handelt, als einen sehr problematischen Versuch. Bei den schlechten Aussichten des Kleinhandels könnte durch eine weitere Überfüllung der abgefundene Kriegsinvalide leicht in Vermögensverfall geraten und damit zugleich für immer seine Rente verloren haben. Vielleicht würden bei diesem ganzen Verfahren andere das Geschäft dabei machen — nämlich die, von denen die Kriegsinvaliden erwerben.

Es ist also die menschliche Schwäche vieler Kriegskrüppel, die die erstrebte Fürsorge der offiziellen Kriegskrüppel-Vereinigungen in zahlreichen Fällen scheitern läßt. Oder man müßte es versuchen, durch gewisse Lockmittel den passiven Widerstand, den manche Kriegskrüppel der Erlangung der Arbeitsfähigkeit entgegensetzen werden, durch volle Belassung ihrer Rente auch bei Wiederbesitz ihrer Erwerbsfähigkeit zu brechen, ja gar Prämien für die Wiedererlangung ihrer Arbeitsfähigkeit aussetzen!

Wie dem aber auch sei — auch in solchen Fällen, wo die Kriegskrüppel wieder arbeitsfähig geworden sind, werden sich auf seiten der Arbeitgeber mit Rücksicht auf den allgemeinen Konkurrenzkampf und den volkswirtschaftlichen Grundsatz, daß ein Betrieb durch Besetzung nur von vollwertigen Arbeitskräften rentabel zu erhalten ist, Schwierigkeiten herausstellen.

Auch hier könnte man daran denken, Betriebe von einer gewissen Größe und mit einer gewissen Arbeiterzahl gesetzlich zu zwingen, nach Verhältnis ihrer Größe und Arbeiterzahl Kriegskrüppel als Arbeiter aufzunehmen. Mir scheint dieser Vorschlag, den ich bisher noch nirgend gefunden habe, sehr gut durchführbar. Er läßt die Möglichkeit zu, daß ein großer Prozentsatz von Kriegsinvaliden ein für allemal wirtschaftlich untergebracht wird. Er verhütet, daß Betriebe, die anfänglich eine gewisse Anzahl von Kriegskrüppel aufgenommen haben, sie wieder abschieben können, etwa unter Berufung darauf, es könne ihnen nicht andauernd zugemutet werden, ihren Betrieb mit unrentablen Arbeitskräften zu belasten. Man muß auch bedenken, daß es sich nicht um eine nur vorübergehende Unterbringung der Kriegskrüppel handeln darf, sondern um eine andauernde, ja um eine gewissermaßen g e s i c h e r t e

Existenzverschaffung, die, so bescheiden sie auch sein mag, doch den Invaliden vor den Wechselfällen und Schwankungen seiner Beschäftigungsmöglichkeit bewahrt. Gelingt es, die Kriegsinvaliden durch gesetzliche Vorschrift unterzubringen, so kann man von einem dauernden Erfolg reden. Gerade in einem bestimmten Maß der Sicherung ihrer bescheidenen Lebenshaltung muß die Bürgschaft ihrer Versorgung liegen, wenn anders das Problem, vor dessen Lösung wir jetzt stehen, nicht ein andauerndes bleiben soll und dessen Mißerfolg, sofern er sich einstellt, nur große Entmutigung und neue Versuche aller möglichen Art, die Experimenten am Versuchstische gleichen, hervorrufen wird.

3. Die herkömmliche Methode. — Das neue Programm.

Ich rolle jetzt die bedeutsamste Frage der zukünftigen Unterbringung der Kriegsinvaliden auf. Erst wenn wir die Unterbringung der Kriegsinvaliden nach den herkömmlichen Methoden und Ansichten verfügt haben, wird sich dartun, daß ein gewaltiger Rest übrig bleibt, der sich nicht nach gewöhnlichen Grundsätzen versorgen läßt, sondern dessen Erwerbsschicksal nach neuen Regeln geordnet werden muß. Wir werden damit ein Gebiet beschreiten, das für die meisten ein Neuland sein wird, wir werden uns damit auch in Widerspruch zu der bisherigen herrschenden Anschauung setzen. Aber um von vornherein keine Voreingenommenheit zu erregen, werden wir nach bisher empfohlenen Grundsätzen verfahren und diese auf die realen Verhältnisse zur Anwendung bringen. Es wird sich dann offenbaren, daß die wohlgemeinten idealen

Gesichtspunkte in der Welt der Realitäten scheitern, daß sie auf die Dauer keine brauchbaren Richtlinien abgeben können. Beinahe von selbst werden wir dann zu der eigentlichen Kernfrage gelangen und vor dem Problem stehen, ob sich völliges Überlassen in isolierter Erwerbsstellung oder ob sich die Herstellung gewisser Bindungen der isolierten Erwerbssubjekte, kurz, ob sich isolierte Individualwirtschaft oder ökonomische Genossenschaftswirtschaft empfiehlt.

4. Das Recht auf Arbeit.

Gewiß können und sollen alle Kriegskrüppel arbeiten, und wo und soweit die Möglichkeit besteht, muß neben dem Recht auf Arbeit auch ein indirekter Arbeitszwang bestehen; aber kein Zwang in dem Sinne, wie er in Arbeitshäusern geübt wird, sondern ein durch die Gewährung ausreichender Löhnung für Arbeitsverrichtungen einsetzender sanfter Druck, der sich dahin äußert, daß der, der arbeiten kann, aber nicht mag, auch nicht die bestimmten in der Löhnung liegenden Vorteile erhält, die ihn instand setzen, sein und seiner Angehörigen Lebenshaltung vorteilhafter und annehmlicher zu gestalten. Es muß daher vermieden werden, daß Kriegsinvaliden, die eine gewisse Erwerbsmöglichkeit besitzen, außer den ihnen zustehenden gesetzlichen Bezügen nicht mit besonderen Zuwendungen unterstützt werden, da sonst bei den meisten Menschen jener äußere Druck, Arbeit um des Lohnes willen zu leisten, aufhört und sie bei einiger Lässigkeit veranlaßt werden, sich ganz auf die Unterstützungen zu verlassen. Darum muß ein in ausreichender Löhnung liegender Ansporn zur Arbeitsverrichtung geboten werden, dem ein Recht auf Arbeit entspricht.

Dieses Recht auf Arbeit muß den Kriegsinvaliden verschafft werden; und hierin liegt der Kernpunkt aller Fragen ihrer wirtschaftlichen Versorgung. Ohne die Verwirklichung eines solchen Rechtes, ohne die Schaffung ausreichender Arbeitsgelegenheit werden wir niemals zur Lösung des Problems gelangen, werden wir immer das gleiche Dilemma wie bei der bisherigen Frage der Versorgung von Arbeitslosen erleben, daß nach den Gesetzen von Angebot und Nachfrage ein mehr oder weniger großer Teil arbeitswilliger, aber arbeitsuchender Menschen den Arbeitsmarkt bevölkert. Selbst bei dem besten Willen der Arbeitgeber, Kriegskrüppel in ihren Betrieben zu beschäftigen, muß damit gerechnet werden, daß auch die arbeitgebenden Betriebe von den Wechselfällen der Konjunktur abhängig sind, daß ihnen bei flauem Geschäftsgange nicht zugemutet werden kann, über ihren Bedarf an Arbeitskräften Kriegsinvaliden aufzunehmen und zu behalten. Solche Anforderung würde nicht nur einem nüchternen geschäftlichen Geiste widersprechen, sondern auch bei Durchhaltung des Prinzips ihre eigenen Kräfte als selbstwirtschaftende Unternehmer über das zulässige Maß anspannen, so daß bei Überspannung ihrer Kräfte sie selbst leicht in wirtschaftliche Bedrängnis geraten könnten, wodurch mit ihnen wiederum auch die Rentabilität ihres Unternehmens und die Versorgung ihrer Angestellten gefährdet werden könnte.

Würden aber die Arbeitgeber ihren Arbeiterbedarf durch Einstellung von Kriegskrüppeln nach der einzig vernünftigen Möglichkeit einer Geschäftsführung, nämlich nach den Konjunkturverhältnissen abstellen, so würde mit den Konjunkturschwankungen auch das Beschäftigungsschicksal der Kriegskrüppel verknüpft sein; der Arbeitsmarkt würde mit einem

Angebot von Arbeitskräften bei flauem Geschäftsgang überschwemmt werden. Teilweise oder allgemeine Geschäftskrisen könnten Arbeiterentlassungen in dem größten Umfange hervorrufen. Als die tiefe Depression im Jahre 1908 Deutschlands Wirtschaftsleben beherrschte, war das Resultat eine Arbeitslosigkeit, die von Monat zu Monat stärker wurde und namentlich im Herbst und Winter schwere Dimensionen annahm. Nach dem Reichsarbeitsblatt machte sich ein derartiger Arbeitsandrang geltend, daß auf je 100 offene Stellen im Dezember 1908 330 Arbeitsgesuche männlicher Personen kamen. Die Berliner Lokalverwaltungen der freien Gewerkschaften haben Mitte November 1913 eine Zählung veranstaltet, bei der sich ergab, daß von insgesamt 300 000 Mitgliedern dieser Vereine rund 25 000 arbeitslos waren. Man hat versucht, aus dieser Ziffer, die ja nur den organisierten Arbeiterstand umfaßt, abzuleiten, wieviele Leute um die gleiche Zeit in Berlin und weiter im ganzen Reiche Arbeit und Verdienst entbehren mußten; man hat die erste Zahl auf 60 bis 80 000, die zweite aber auf 400 000 bis 700 000 geschätzt. Mag es sich bei dieser Feststellung auch nur um mehr oder weniger genaue Schätzungen handeln, das Resultat ist erschreckend; es zeigt, wie die Organisation der menschlichen Gesellschaft versagt, wie jede Unterbrechung des industriellen Aufschwunges sie aus dem normalen Gleichgewicht von Nachfrage und Angebot bringt.

War es nach diesem Resultate schon möglich, daß ein Konjunkturrückschlag oft Hunderttausende erwerbsfähiger und erwerbswilliger Menschen einfach arbeitslos und damit brotlos machte, wie wird sich erst dieses Resultat gestalten, wenn es sich darum handelt, Kriegsinvaliden mit mehr oder weniger beschränkter Erwerbsfähigkeit unterzubringen und gegen die Konjunkturschwankungen und seine Einwirkung auf den Arbeitsmarkt zu schützen? Die Kriegskrüppelfürsorge wendet sich mit Recht an die Kriegskrüppel selbst, eisernen Willen zur Überwindung anfänglicher Bewegungsschwierigkeiten zu zeigen und sich selbst wieder erwerbsfähig zu machen, sie wendet sich auch mit Recht an alle Arbeitgeber und Verbände um Unterbringung der Kriegskrüppel — aber sie verkennt die volkswirtschaftlichen Gesetze der Konjunkturschwankungen und die unfreiwillige Arbeitslosigkeit. In manchen Fällen mag Arbeitslosigkeit vom eigenen Willen des Betreffenden verursacht sein, mag die Arbeitslosigkeit Folge von einer Arbeitsscheu sein. In den meisten Fällen ist sie jedoch kein rein persönlicher Unterlassungsakt, sondern ein durch Zwang von außen, nämlich durch Arbeitsmangel verursachter Zustand, der durch allgemeine Konjunkturschwankungen des gesamten Volkswirtschaftslebens oder durch besondere Flauheit in einzelnen Gewerben und Branchen Arbeiter freisetzen kann. Diese Schwierigkeit wird sich bei den Kriegsinvaliden noch dadurch erhöhen, daß sie nicht für jede Arbeit, wie irgendein gesunder, völlig erwerbsfähiger Arbeiter verrichtungsfähig sind, sondern nur für eine bestimmte spezielle Arbeitsverrichtung. Sonach wird für sie Arbeitslosigkeit meist keinen absoluten, sondern relativen Arbeitsmangel bedeuten, nämlich den Mangel an passender, ihrer Verrichtungsfähigkeit zusagender Arbeit. Um diesen Punkt steigert sich noch das allgemeine Arbeitslosenproblem zu dem besonderen Arbeitslosenproblem der Kriegsbeschädigten. Deshalb wird auch das üblichste Mittel der Arbeitslosenunterstützung: Die Bereitstellung von Notstandsarbeiten, die sonst für jedermann taugen, in Anwendung auf die Kriegskrüppel versagen. Man wird dann Geld statt Arbeit geben müssen. Dieses Aushilfsmittel ist der Achtung der Kriegskrüppel vor ihrer selbst wenig würdig, es wird vielmehr, gewohnheitsmäßig angewendet, demoralisieren.

So sehen wir, daß bei den bisherigen Vorschlägen der Kriegskrüppelfürsorge, soweit sie sich mit der **wirtschaftlichen** Versorgung der Kriegsinvaliden beschäftigen, Klippen nur umgangen, aber nicht überwunden werden. Die Kriegsinvaliden werden den ganzen Schwankungen des Wirtschaftslebens und den Zufällen des Arbeitsmarktes überlassen, es wird ihnen kein Recht auf Arbeit verschafft. Sie bleiben sich einzeln überlassen und als isoliert Stehende ohne Bindung und Organisation geschwächt und unversorgt.

5. Die Unzulänglichkeit des bisherigen Rentensystems.

Das jetzige Rentensystem deckt nur den **Ausfall an der Erwerbsfähigkeit**. Indem es rentenmäßig nur die vorhandene Erwerbs**beschränkung** ergänzt, geht es von der Voraussetzung aus, daß dem Kriegsverletzten die bisherige Erwerbs**möglichkeit** verblieben ist, d. h. die Möglichkeit, ein Unterkommen auf dem Arbeitsmarkte, wenn auch zu niedrigeren Lohnsätzen, aber unter sonst gleichen Erwerbsbedingungen zu finden. Diese Voraussetzung ist irrig und wird sich als irrig herausstellen. Die ganze große Frage der wirtschaftlichen Versorgung der Kriegsinvaliden ist nicht etwa die, durch Renten den Ausfall der Erwerbsfähigkeit zu decken, sondern diejenige, eine Organisation zu schaffen, die ihm den Ausfall an objektiver Erwerbsmöglichkeit deckt. Wird nur die erftere Frage gelöft, fo bleibt man auf halbem Wege ftehen oder fchlägt einen Ausweg ein, der fich fchließlich als eine Sackgaffe darftellt. Stellen wir doch als Grundfatz obenan, daß die Kernfrage nur die fein kann, ob und wie der befchränkt Erwerbsfähige den verbliebenen Reft feiner Erwerbsfähigkeit wirtfchaftlich verwerten kann. Verfchaffen wir ihm erft einmal die Erwerbsmöglichkeit, fo ift die ganze Frage des Rentenfyftems, die befchränkte Erwerbsfähigkeit durch Renten zu ergänzen, nur ein einfaches, fchematifches Rechenexempel!

6. Die Notwendigkeit der Funktionsvereinigung im Arbeitsprozeffe von Kriegskrüppeln.

Wir müffen uns weiter darüber klar fein, daß die Verforgungsmöglichkeit erwerbsgefchmälerter Kriegsinvaliden, foweit fie als Arbeiter in Betracht kommen, in zahlreichen Punkten von der Organifation der Arbeit felbft bedingt ift. Da aber wiederum die Arbeitstätigkeit fich nach natürlichen Gefetzen materieller, technifcher und mechanifcher Art entwickelt und abfpielt, muß dafür Sorge getragen werden, daß die Arbeitstätigkeit folcher Kriegsinvaliden, die erwerbsgefchmälert find, indem ihnen gewiffe Verrichtungen mechanifcher oder technifcher Art infolge ihrer Verftümmelung fchwer fällt oder unmöglich gemacht ift, finngemäß erfetzt oder ergänzt wird durch die Verrichtungen folcher Invaliden, die jene Verrichtungen vornehmen können. Es ift nichts weiter, was verlangt wird, als ein zweckmäßiges, finnentfprechendes Einanderbeiftehen und Helfen bei einem gewiffen Arbeitsprozeffe, ein Ausgleichen gefchwächter oder lahmgelegter

Funktionen durch solche ungeschwächter und gesunder Art. Ein Sichergänzen und Ineinandergreifen von Funktionen, die der eine Invalide besitzt, ein anderer entbehrt, durch Zusammenhalten im Arbeitsprozesse aber eine einheitliche Kraft abgeben, so daß eine negative Funktion eines ihrer Träger jedesmal ergänzt wird durch eine positive Funktion eines anderen Trägers. Dieses Zusammenhalten von negativen und positiven Funktionen ergibt **eine** potente Einheit aus **zwei** Faktoren, die **für sich – in ihrer Isolierung –** wenn nicht hilflos, so doch niemals in der Lage wären, einen komplizierten Arbeitsprozeß mechanischer oder technischer Art zu vollenden. Solcher Ausgleich der Funktionen wird sich massenweise unter der großen Menge der Kriegskrüppel unschwer herstellen lassen. Eine ganze Reihe von Kriegsverstümmelungen sind einheitlicher Art — es wird eine große Gruppe beinloser und armloser Kriegskrüppel geben, die sich auf diese Weise bei irgendeinem Arbeitsprozesse in ihren Funktionen speziell technischer Art ausgleichen können; so können Blinde die Funktionen der Tauben ersetzen, jene die der Blinden. Diese Beispiele werden sich beliebig vermehren lassen, es wird eine ganze Gruppe von Verletzungsarten geben, die sich auf diese Weise durch Zusammenhalt gesunder und verkrüppelter Funktionen ergänzen lassen.

Ist dieses **Gesetz der Funktionsvereinigung** richtig, was nirgends bestritten werden kann, weil es auf natürlichen Gesetzen des Arbeitsprozesses beruht und dem weiteren Wahrheitssatze, daß eine generelle Funktion durch eine andere gleichartige beliebig ersetzbar ist, also z. B. die mechanische Funktion des hand- und armverkrüppelten X. durch die Funktion des beinverkrüppelten, aber hand- und armunversehrten Y., so ist damit ein Gesetz des Arbeitsprozesses erfüllt, nämlich das natürliche Gesetz, daß alles, was zur Beförderung oder Erleichterung einer Arbeitsverrichtung dient, nächst dem Produkte auch ihren Verfertigern zukommt. Ist der nächste Zweck jeder Arbeit möglichst gute und zugleich wohlfeile Produktion, so muß alles, was zur Beförderung und Erreichung dieses Zweckes dient, beachtet werden. Dies gilt in größter Betonung von der wirtschaftlichen Versorgung der Kriegskrüppel; denn es ist nicht so sehr Sorge, sie vor Müßiggang und ihren Folgen zu bewahren, als vielmehr Sorge, ihnen einen möglichst lohnenden Erwerb ihrer Arbeitstätigkeit zu verschaffen. Gewiß vermag die Unterrichtung in den Krüppelschulen viel zur Erlernung von gewissen Verrichtungen mechanischer Art beizutragen, gewiß schützen diese erlernten Funktionsverrichtungen die Kriegskrüppel auch vor dem entsetzlichen Elend des völlig zwecklosen Vegetierens in Versorgungshäusern und Anstalten oder dem geschäftigen Müßiggange eines Leierkastenmannes und Schnürsenkelhändlers — ob aber die erlernten Funktionen verkrüppelter Gliedmaßen ihre Träger in den Stand setzen werden, innerhalb des freien Spieles aller Kräfte auf dem großen Weltmarkte der freien Arbeitskonkurrenz zu konkurrieren, ob sie in ihrer Vereinzelung selbständig erwerbsfähig werden und bleiben, ist eine andere Frage. Ich vermag mich zu einer Bejahung nicht zu bekennen.

Trotz aller Hinweise, Aufrufe und Ermahnungen, die Kriegskrüppel auf dem großen Arbeitsmarkte anderen Kräften gegenüber zu bevorzugen, trotz des christlichen Gedankens, ihnen gegenüber gesteigerte Nächstenliebe zu pflegen —, die realen Geschäftsmaximen auf dem Arbeitsmarkte, wo nur der Tüchtigste gerade gut genug gilt, werden diesen idealen Gesichtspunkten gegenüber doch wieder die Oberhand gewinnen. — Und dann die psychologischen Einwirkungen, die in der Nivellierung alles Leides durch die Zeit und den Weltengang liegen, dann die **Massenerscheinung** der Kriegskrüppel, die das anfangs gewiß starke Mitleidsgefühl allmählich verkleinern wird, weil der tägliche und häufige Anblick zur Gewöhnung und damit zu einer gewissen Abstumpfung führt. Mir scheint wahrlich derjenige kein guter sozial- und realpolitischer Berater, der die Kriegskrüppel allein dem Wohlwollen und der Nächstenliebe der Arbeitsnachweise und dem freien Arbeitsmarkte, den Herzen der Arbeitgeber empfiehlt. Es wird gewiß in allen Branchen des Handels und der Industrie zahlreiche Stellen geben, wo die Kriegskrüppel ganz brauchbare Arbeitsmitglieder abgeben — noch mehr Kriegskrüppel wird es aber geben, die wohl angestellt, aber dann entlassen werden, weil sich ihre Funktionsstörung als zu erheblich herausstellt, um im Arbeitsprozesse die ihnen aufgetragenen Verrichtungen zuverlässig zu erfüllen. Das wird zu einer Überschwemmung des Arbeitsmarktes mit Kriegsinvaliden führen, die später weit schwerer als zur Übergangszeit vom Kriege zum Frieden, wo noch alle Geister unter dem regsamen Widerhalle der großen Zeit standen, abgeebbt werden kann — man wird wiederum den Staat angehen und seine starke Hilfe erbitten. Aber dieser vermag weder die Arbeitgeber zu zwingen, Arbeitsgelegenheiten mit Kriegskrüppeln auszufüllen, noch die einzelnen Invaliden selbst, ihnen zugewiesene Arbeitsstätten aufzusuchen. Das Problem ist somit durch die Tätigkeit der Krüppelschulen und die Organisation der Arbeitsvermittelung keineswegs gelöst, das Dilemma vielmehr noch ärger geworden. Der Gedanke des Invalidenheims, der Versorgungsanstalt rückt schon in greifbarere Nähe. Oder sollen die Kriegsinvaliden, jeder Erwerbstätigkeit bar, der Almosenmilde ausgesetzt werden, ein Almosenbegehren sie der Gefahr der Bestrafung wegen Bettelns aussetzen? Es ist mir ganz zweifellos, daß, wenn nicht gleich nach Kriegsende, so doch später, wenn sich die entwickelten Wahrheiten herausstellen, man zu einem Reformwerke übergehen muß.

II. Das Reformwerk.

7. Die Vorteile der genossenschaftlichen Organisation in der Kriegsinvaliden= vereinigung.

Es bedarf keiner weiteren Beweisführung, daß ein ein= zelner in seiner Vereinzelung, soweit er nicht zu den wirtschaftlich Starken gehört, weit weniger vermag, als eine durch einen gemeinsamen Zweck verbundene Vielheit von Personen. Das liegt nicht nur in der Häufung von Kräften, welche in den Zusammenschluß eine Potenzierung erfahren, sondern insbesondere in dem gemeinsamen Handeln auf Grund eines einheitlichen Organisationsplanes. Dies gilt ins= besondere von der Betriebsführung wirtschaftlicher Unter= nehmungen, sei es industrieller, sei es agrarischer Art. Eine an einem Konzentrationspunkte geführte Verwaltung kann viel eher und besser das Wirtschaftsleben und die Ver= änderlichkeit seiner Faktoren überschauen als isoliert wirt= schaftende Betriebe eines Einzelunternehmers, der meist nur die Vorgänge des nächstliegenden Arbeitsfeldes wahrnehmen kann. Namentlich sind die natürlichen Vorteile des Groß= betriebes bei Krisen, bei allgemeiner Verschlechterung der Geschäftslage stark hervorgetreten. Das Großunternehmen vermag nicht nur die Technik viel rationeller auszunutzen als der kleine Industrielle, es ist auch auf dem Markte der weit überlegene Konkurrent, es kann sich schließlich den veränderten Verhältnissen viel leichter anpassen, kann oft den Verlust bei dem einen Geschäft durch einen Gewinn bei einem anderen wieder ausgleichen.

Sollte es nicht möglich sein, die Vorteile der genossen= schaftlichen Organisation, die zugleich die des Großbetriebes enthalten, für die Versorgung der Kriegsinvaliden zugänglich zu machen? Mir scheint dieser Weg zum Vorteile und Segen zahlreicher Kriegsinvaliden praktisch sehr gut durchführbar, wenn dabei nicht der Typus unserer gesetzlich geregelten Erwerbs- und Wirtschaftsgenossenschaften beibehalten wird, sondern im Interesse der Sache eine neue genossenschaftliche Unternehmungsform geschaffen wird: Die Kriegsinvalidenvereinigung e. V.

Wird ein Recht auf Arbeit den Kriegsinvaliden zugebilligt, wird weiter zugegeben, daß ihre Arbeit möglichst stabil und von den Wechselfällen der Konjunktur gesichert gestaltet werden muß, werden weiter die Vorteile eines Großbetriebes und einer einheitlichen Organisation zugegeben, so ist der Weg zur Lösung des Versorgungsproblems gefunden. Die Lösung kann keine andere sein, als die genossenschaftliche Vereinigung der Kriegsinvaliden, weil in dieser Form nicht nur die in ihrer Isolierung geschwächten Atome zu gestärkten Potenzen erhoben und das Recht auf Arbeit verwirklicht werden, sondern auch weil sich das Gesetz der Funktionsvereinigung nur in gemeinschaftlicher Beschäftigung äußern kann. So werden in der genossenschaftlichen Vereinigung nicht nur bisher lahm- und brachliegende Kräfte funktionsfähig, sondern es entsteht durch die Vereinigung selbst eine neue Hauptkraft, welche in der Lage ist, nicht nur die Arbeitsbedingungen der Kriegsinvaliden zu erfüllen, sondern darüber hinaus als selbständige Vereinigung auch ein sehr nützliches Glied im gesamten wirtschaftlichen Organismus abzugeben vermag, indem es unter Ausschaltung aller egoistischen Beweggründe als gemeinnützige Veranstaltung doch wiederum alle die ökonomischen und technischen Vorteile rationellster Wirtschaftsführung eines Großbetriebes vereinigt, so daß eine Unrentabilität des Unternehmens nicht in Frage kommen kann; denn es liegt in der genossenschaftlichen Organisation, daß, soweit solche überhaupt anwendbar, sie auch die relativ günstigsten Geschäftsverhältnisse herbeiführen kann.

8. Der neue Gesellschaftstyp. Kein Wiederaufleben der abgegriffenen und fehlgeschlagenen Produktivgenossenschaftsform. — Geregelte Arbeits- und Lohnverhältnisse.

Gleich von vornherein möchte ich mich gegen das Mißverständnis wehren, als beabsichtige ich ein Wiederaufleben der fehlgeschlagenen Versuche von Arbeiterproduktivgenossenschaften. Diese industriellen Assoziationen haben im Genossenschaftswesen sich als die fehlgeschlagenste Genossenschafsbildung erwiesen, obwohl gerade Schulze-Delitzsch und Lassalle von ihrer Ausbreitung die Lösung der sozialen Arbeiterfrage erwarteten. Das Schicksal der Kriegsinvaliden muß uns viel zu sehr angelegen sein, als daß wir für eine Wiederholung dieser sozialen Experimente eintreten. Aber einige Grundzüge jener Produktivgenossenschaften werden wir als brauchbar übernehmen können und damit manchen Gedanken der industriellen Assoziationen vor dem Schicksal der Vergessenheit bewahren.

Der Grundgedanke der Produktivgenossenschaft lag in dem Bestreben der unselbständigen Lohnarbeiter, sich der Lohnabhängigkeit zu entziehen, indem sie als Mitglieder der Produktivgenossenschaft selbständige Unternehmer würden, die an der Arbeitsleistung ebenso beteiligt wären wie an dem Gewinne und der Leitung des Unternehmens. Und das Scheitern des produktivgenossenschaftlichen Systemes lag darin, daß die meisten Arbeiter in der Produktivgenossenschaft, wo sie gerade Selbständigkeit und Unabhängigkeit zu finden hofften, sich ebenso unter eine gemeinsame Leitung unterordnen mußten wie bisher. Weil aber in der genossenschaftlichen Selbstverwaltung gleiches Stimmrecht herrscht, so wollte sich auch jeder Arbeiter gleich dem anderen fühlen und keine geringere und schlechtere Rolle spielen als sein Mitgenosse. Die Ungleichheit der Arbeitsfähigkeit und Leistungen, seien es solche geistiger oder körperlicher Art, ermöglichen bei einer großen Menschengruppe keine vollständige gleiche Bewertung mit der Forderung ganz gleicher Berücksichtigung am Ertrage und der Leitung des Unternehmens; daß eines jeden Arbeit nach ihrem Werte bezahlt werde und nur intellektuell Berufene die Leitung eines Unternehmens mit Erfolg übernehmen können, wollen gerade die weniger Tüchtigen niemals einsehen, um so weniger dann, wenn sie durch das gleiche Stimmrecht formell an der Selbstverwaltung des Unternehmens unterschiedslos berechtigt sind. An diesen menschlichen Schwächen, an der Differenzierung der menschlichen Leistung scheiterte die Produktivgenossenschaftsidee.

Alle diese Schwächen besitzt die von mir vorgeschlagene Kriegsinvalidenvereinigung nicht. Ihre Verfassung berücksichtigt die ungleichen Arbeitsfähigkeiten ihrer einzelnen Mitglieder durch die Zuweisung entsprechender Arbeitstätigkeit; ihre Mitglieder haben nicht freies, willkürliches Wahlrecht ihrer Beschäftigung und ihrer Arbeitszeit, sondern unterstehen wie die Arbeiter anderer privater Betriebe einer selbständigen

Leitung und Arbeitsordnung. Niemand kann sich hier wie bei der genossenschaftlichen Selbstverwaltung etwa die Leitung des Unternehmens anmaßen, ohne kraft besonderer Eigenschaften dazu befähigt und höheren Ortes bestellt zu sein. Niemand kann in Debatten von Generalversammlungen die Geschäftsleitung angreifen oder absetzen und so etwa, wie in dem Berichte der Kriegskrüppelfürsorge befürchtet wurde, „den ganzen Teig einmal, wenn sie nicht mehr mittun wollen, ansäuern".

Aber auch die unglückliche Idee von der gleichen Löhnung und dem gleichen Anteil am Arbeitsertrage ist in unserem Programme nicht vertreten. Es gelten vielmehr die gewöhnlichen Arbeits= und Lohnverhältnisse, wonach die verschiedenen Arten von Arbeit und die dazu erforderlichen Eigenschaften und Anstrengungen, das Maß der Vorbildung und Befähigung durch einen höheren oder geringeren Lohn ausgleichend berücksichtigt werden.

Daß eine gewisse Interessenvertretung der Arbeiter nach Art eines Fabrikparlamentes geschaffen werden kann, ist ebenso möglich wie eine beschränkte Gewinnbeteiligung in Form eines Lohnzuschlages. Im übrigen werden dem Charakter der Vereinigung entsprechend alle solche Vergünstigungen den Vereinigten zu gewähren sein, auf die sie als körperlich Geschwächte gegebenenfalls ein Anrecht haben — Erholung und Urlaub, ärztliche Behandlung und dergleichen.

Die Einführung von Arbeits= und Lohntarifen empfiehlt sich; es sind mehrere Lohnklassen zu bilden und darauf zu sehen, daß die Vorteile der erwähnten Gewinnbeteiligung in Form eines Lohnzuschlages solchen Beschäftigten zufallen sollen, die eine gewisse längere Zeit in dem Betriebe mit Er-

folg tätig sind (Steigerung des Lohnes bei längerer „Dienst"=
zeit, Verbesserungsprämien). Viele dem Beamtenverhältnisse
angehörige Bedingungen und Bestimmungen ließen sich sicher
mit Erfolg auch auf diese industrielle Vereinigung übertragen
und würden, unter Beobachtung gewisser Voraussetzungen
angewendet, dazu beitragen, vielen Existenzen nicht nur eine
ausreichende, sondern auch eine tunlichst gesicherte Lebens=
haltung zu verschaffen. Dabei soll die Kriegsinvaliden=
vereinigung keine Versorgungsstätte arbeitsscheuer oder un=
fähiger Existenzen bilden, sondern gerade durch die An=
forderung gewisser Voraussetzungen (Probeleistungen,
Probezeit) und durch Kündigungsvorschriften einen er=
zieherischen Einfluß ausüben, der durch die erwähnten Ge=
winnbeteiligungen bei längerer Dienstzeit und andere Ver=
günstigungen (Urlaub bei Weiterzahlung des Gehaltes) sich
beliebig steigern ließe.

9. Der Ausbau der Erwerbsvereinigung zur ökonomischen Vereinigung für Lebensmittel= und Wohnungsbedarf.

Ist aber einmal eine Kriegsinvalidenvereinigung mit dem
Zwecke einer gemeinschaftlichen Produktion gebildet, so kann
es nicht fehlen, daß auch auf den Gebieten der materiellen
Lebensversorgung das Vereinigungsprinzip zur Anwendung
gelangt. So kann die Kriegsinvalidenvereinigung unschwer
eine Unterabteilung errichten, der die gemeinschaftliche Be=
schaffung der wichtigsten und gebräuchlichsten Bedürfnisse
hauswirtschaftlicher Art für die Invaliden und ihre An=
gehörigen zufällt, so daß durch Verbilligung des Einkaufs

ökonomischer Bedürfnisse der Invalidenrente und dem Arbeits= lohne der größtmögliche Wert gegeben würde. In gleicher Weise müßte das Wohnungswesen der Kriegsinvaliden ge= nossenschaftlich organisiert werden, um auch auf dem wichtigen Gebiete des Wohnungsbedarfes die höchsten Anforderungen an eine möglichst gesunde und zweckentsprechende Wohnung bei niedrigerem Preise zu erfüllen. Neben der Konsumvereins= abteilung würde die Mietsgenossenschaftsabteilung einzu= richten sein. Die Anlage der gemeinschaftlichen Wohnstätten ist nicht etwa so zu verstehen, daß die Invaliden mit ihren Angehörigen in ein Zentralgebäude kaserniert würden. Viel= mehr ist darauf zu halten, daß eine weitzügige Wohnungs= ansiedlung Platz greift, etwa in der Weise, daß vier Familien je ein zusammenhängendes Wohnhaus einnehmen, aber mit getrenntem Wohnungseingang und dazugehörigem Garten= land, deren Besitz sie oder ihre Angehörigen in den Stand setzte, Spatenkultur zu treiben. Gleichzeitig würde die Bei= gabe und Umsäumung mit Freiland der Ansiedlung einen höchst gefälligen Anblick verleihen, eine zu dichte Bebauung verhüten und den vollkommenen Zugang von Luft und Licht in die Wohnungen gestatten.

Durch die Selbständigkeit und Abgeschlossenheit des Wohn= besitzes im Freilande in einer gewissen Entfernung von der gemeinsamen Arbeitsstätte werden all die Bedenken einer etwaigen Kasernierung von genossenschaftlich beschäftigten Kriegsinvaliden überwunden. Das ist keine Kasernierung — keine Abschließung von der übrigen Bevölkerung, kein An= stalts= oder Heimstättenleben; denn überall bleibt durch die Selbständigkeit und Abgeschlossenheit des Wohnbesitzes ge= sondertes Familienleben und der eigene Herd gewahrt. Der genossenschaftliche Gemeinschaftsgedanke äußert sich nur in dem ökonomischen und rechtlichen Prinzip, ohne im einzelnen Familienleben oder im Arbeitsleben als lästige Schranke empfunden zu werden: nirgends besteht auch ein Zwang zur Teilnahme an den gemeinschaftlichen Wohnstätten, vielmehr wird ein praktischer Geschäftssinn die Kriegsinvaliden von selbst zum Bezuge dieser Wohnungen veranlassen; denn die Kriegsinvaliden dürften in Privathäusern zu den Preisen und Bedingungen, wie sie bei Genossenschaftsansiedlungen üblich sind, niemals die Vorzüge zweckmäßig eingerichteter und gesunder Wohnungen mit Gartenland finden. Welche kulturellen und sozialethischen Wirkungen aber für gut und billig wohnende Arbeiterfamilien entstehen, ist nicht hoch genug zu veranschlagen. Nicht nur wird ein **gut** wohnender Arbeiter dem Kneipenleben und dem Alkoholismus entzogen, er kann auch seine Gesundheit besser erhalten und erhält Sinn für Sparsamkeit und Familienleben. Und wenn er vermöge der ökonomischen Assoziation gut, zugleich billig wohnt und lebt, kann er auch größere Aufwendungen für seine geistige und kulturelle Ausbildung, für eine ausreichende Erziehung seiner Kinder aufwenden.

10. Die Grundzüge der neuen Genossenschaftsverfassung.

a) Die Gruppierung und Unterbringung der Kriegsinvaliden.

Wir stellen uns eine Vielheit von Kriegsinvaliden vor, die mehr oder weniger verkrüppelt sind, auch eine Anzahl von sogenannten Kriegsbeschädigten der verschiedensten Berufe, vom ungelernten Lohn- und Fabrikarbeiter bis zum gelernten Handwerksmeister, vom gewöhnlichen Schreiber bis zum Buchhalter und Geschäftsleiter. Wir nehmen weiter an, daß diese Kriegsinvaliden auf dem gewöhnlichen Wege trotz ernster und redlicher Bemühung keine Beschäftigung finden konnten und hinsichtlich ihrer Verkrüppelung durch Schulung so weit in der Lage sind, einzelne gebräuchliche Arbeitsverrichtungen technischer und mechanischer Art vorzunehmen.

Diese Vielheit wird in Gruppen von zwei- bis dreihundert Personen geteilt und einem bestimmten industriellen Erwerbszweige überwiesen, für den die Aussicht einer gewissen Rentabilität besteht. Die Auswahl erfolgt in der Weise, daß hinsichtlich der Art der Verkrüppelung eine tatsächliche Eignung für die Verwendung in dem betreffenden Erwerbszweige vorliegt, oder daß durch sinnvolle Mischung der Verkrüppelungsart eine zweckmäßige Ergänzung hinsichtlich der Funktionsverrichtungen Platz greift. Ungelernte Lohnarbeiter werden dabei zu rein mechanischen Arbeitsleistungen bestellt, gelernte Arbeiter zu solchen Verrichtungen technischer Art, die ihrer bisherigen Arbeitsstellung entspricht. Bisherige Bureauarbeiter werden für die Besetzung der Schreiber- und Bureaustellen in dem Unternehmen beschäftigt, während Leistungen höherer kaufmännischer Art, wie die Verwaltung des Unternehmens, solchen Kriegsinvaliden übertragen wird, die schon bisher vor dem Kriege in ähnlichen verantwortungsvollen Stellen sich befunden haben.

b) Die neue Rechtsform.

Die Rechtsform und Verfassung der Kriegsinvalidenvereinigung ist die eines rechtsfähigen Vereins nach den Grundsätzen des Bürgerlichen Gesetzbuches, soweit nicht seine Satzung abändernde Bestimmungen erhält. Wenn auch die wirtschaftlichen Grundsätze genossenschaftlicher Natur sind, so müßte doch von der Wahl der Rechtsform einer eingetragenen Erwerbs- und Wirtschaftsgenossenschaft Abstand genommen werden, weil die für diese Rechtsform nötige vermögensrechtliche Beteiligung durch Bildung von Geschäftsanteilen und Übernahme von Haftsummen oder einer unbeschränkten persönlichen Haftung den Kriegsinvaliden naturgemäß nicht zugemutet werden kann; denn sie können vermöge ihrer verminderten Erwerbsfähigkeit nicht auch das verantwortungsvolle Risiko der Haftung für Geschäftsverbindlichkeiten aufgebürdet erhalten. Zudem könnte auch diese Haftung und vermögensrechtliche Beteiligung an dem Unternehmen den zahlreich erwünschten Beitritt zu der Kriegsinvalidenvereinigung vermindern und dadurch der erstrebten Versorgungsmöglichkeit Einhalt geschehen. Die vermögensrechtliche Basis wird vielmehr auf einem anderen eigenartigen Wege geschaffen werden (vergl. unten S. 38 f.).

c) Die staatliche Mitwirkung.

Die Kriegsinvalidenvereinigung verfolgt einen wirtschaftlichen Zweck; denn ihr Unternehmen entfaltet eine auf Produktion bzw. Umsatz von Gütern gerichtete gewerbsmäßige, also auf Geschäftsgewinn gerichtete Tätigkeit. Mit Rücksicht auf diesen wirtschaftlichen Zweck kann daher dieser Vereinigung Rechtsfähigkeit nur durch staatliche Verleihung erteilt werden (BGB. § 22). Indem die Verleihung nur staatsseitig erfolgen kann, wird Gewähr dafür geboten, daß staatsseitig Voraussetzungen und Existenzfähigkeit, Zusammensetzung und

Gruppierung, Wahl des Geschäftszweiges, Abfassung der Statuten sachgemäß geprüft werden können und damit die Möglichkeit unterbunden, daß Kriegsinvalidenvereinigungen unter Hinwegsetzung über die Bedürfnisfrage und die wirtschaftliche Zweckmäßigkeit sich ins Blaue hinein bilden können.

Mit dieser staatsseitigen Verleihungsbefugnis bleibt beim Staate, was staatliche Pflicht zu regulieren ist; denn es besteht kein Zweifel darüber, daß die ganze Kriegsinvalidenversorgung als Folgewirkung des Krieges, wie dessen Führung, so auch die Heilung seiner Schäden Reichssache ist.

d) Die korporative Gestaltung der neuen Vereinigung.

Nur die Rechtsform des eingetragenen Vereines konnte gewählt werden; die seiner wirtschaftlichen Natur am meisten entsprechende Rechtsform der eingetragenen Erwerbs- und Wirtschaftsgenossenschaft paßte aus Haftungsrücksichten nicht; diejenige einer Aktiengesellschaft oder Gesellschaft mit beschränkter Haftung konnte deshalb nicht in Frage kommen, weil die damit verbundene Vermögensbildung nicht geschaffen werden konnte, da auf die Aufbringung der Kapitalien aus den Kreisen der Kriegsinvaliden nicht gerechnet werden konnte. Eine anderweite Gesellschaftsbildung schien auch deshalb nicht tunlich, weil die Kriegsinvalidenvereinigungen eine größere und unbestimmte Personenzahl umfassen werden, deren Mitgliederbestand Schwankungen unterworfen ist, somit nur eine solche Rechtsform möglich war, die bei einer korporativen Organisierung trotzdem so gestaltet blieb, daß sie in ihrem Bestande unabhängig von dem Wechsel ihrer Mitglieder ist.

11. Die finanzielle Ausgestaltung der Kriegsinvaliden = Gesellschaften.

Wir kommen nunmehr zu der wichtigsten Frage, nämlich zur Frage der finanziellen Ausgestaltung der geplanten Kriegsinvalidenvereinigung. Bisher konnte diese Frage von den gewerblichen Produktivgenossenschaften, die wegen der gewerblichen Betriebsform auf gemeinschaftlicher Grundlage gewisse Parallelzüge mit der ins Auge gefaßten Kriegs= invalidenvereinigung bieten, nicht gelöst werden, wenigstens nicht in einer Weise, welche eine dauernde Kapitalbasis für das Unternehmen schuf und damit die Voraussetzungen an= dauernder Rentabilität des Unternehmens gewährleistete.

Die wenigen wirklichen gewerblichen Produktivgenossen= schaften, die wir in Deutschland besitzen, verschaffen sich ihr Anlage= und Betriebskapital durch Darlehen seitens ein= tretender Genossen oder von dritter Seite, schließlich auch durch Eintrittsgelder. Weil aber der Mitgliederbestand einer Genossenschaft häufig fluktuierend ist und der Austritt von Mitgliedern kraft gesetzlicher Vorschrift nicht verhindert werden kann, ist auch das Haftkapital ein sehr schwankendes.

Daher konnte die finanzielle Frage auch damit nicht gelöst werden, falls der Staat, wie es Lassalle vorschlug, Kredite gewährte; denn deren Sicherstellung ist mit Rücksicht auf die finanziellen Leistungen der Mitglieder, die naturgemäß zu den weniger vermögenden, ja vermögenslosen Klassen ge= hören, schwach.

Diese Bedenken, die eine staatliche Unterstützung durch verzinsliche Zuverfügungstellung eines Anlage= und Betriebs= kapitals in Frage stellen konnte, greifen bei unseren Kriegs=

invalidenvereinigungen nicht durch; zwar werden auch sie vorzugsweise von den vermögensloseren Kriegsinvaliden aufgesucht werden; aber diese sind nicht mehr die schlechthin vermögenslosen Leute, sondern sind als Kriegsinvaliden rentenberechtigt, und in dieser Rentenberechtigung steckt eine ganz gewaltige Kapitalkraft, wenn sie vernunftgemäß durch Vereinigung einer gewissen größeren Anzahl von Kriegsinvaliden gehäuft wird. Die einzelne Rente wird in ihrer Vereinzelung eine geringe Kapitalstragfähigkeit bedeuten, in einer Zusammenfassung der zersplitterten Renten kann sie eine Gesamtkraft ausmachen. Und ihr Bezug ist für den Berechtigten durch allerhand Kautelen vor unzweckmäßiger Veräußerung und Beschlagnahme gesetzlich sichergestellt, so daß ihr Bezug verläßlich ist und daher das kapitalistische Fundament gehörig gesichert erscheint.

Die Versorgungsansprüche der Kriegsinvaliden bestehen bekanntlich in dem Anspruch auf Militärrente, Kriegs- und Verstümmelungszulage. Während die Kriegszulage (180 Mk. jährlich) und die Verstümmelungszulage von der späteren Erwerbsfähigkeit unabhängig ist, richtet sich die Militärrente nach dem Grade der Erwerbsfähigkeit. Mit Rücksicht auf die Gefahren der Rentenpsychose und der Angst vor der sogen. Rentenquetsche müßte das Mannschaftsversorgungsgesetz vom 31. Mai 1906 dahingehend abgeändert werden, daß die Rente, welche jedem Manne bei Abschluß des Verfahrens seiner Invalidisierung zugesprochen ist, lebenslänglich unbeschadet dem Grade seiner Erwerbsfähigkeit konstant bliebe. Das ermöglichte auch das Rechnen mit einer bleibenden Größe, was für die invidueUe Privatwirtschaft des einzelnen Rentenempfängers beruhigend und arbeitsfördernd wirkte, für den

Staat und seine Behörden ungemein viel Bureauarbeit und Verwaltungsaufwand ersparte.

Die finanzielle Ausgestaltung im einzelnen: Verliert ein Gemeiner z. B. die linke Hand (Nichtarbeitshand), so liegt 60 % Erwerbsminderung vor — 324 Mk. — (324 Mk. = 60 % der 540 Mk. = 100 % betragenden Militärrente). Er erhält weiter die Verstümmelungszulage von 324 Mk. sowie die Kriegszulage — 180 Mk. — zusammen jährlich 828 Mk., monatlich 69 Mk.

Wird weiter angenommen, daß sich 300 Kriegsinvaliden mit einer **durchschnittlichen** Erwerbsbeschränkung von 50 % (ziemlich niedrig angenommener Prozentsatz, da schon bei Verlust der Nichtarbeitshand 60 %, z. B. beim Verlust des rechthändigen Armes 75 % gewährt werden) zu einer Kriegsinvalidenvereinigung zusammenschließen, so beträgt jedes Kriegsinvaliden Militärrente durchschnittlich 270 Mk. Wird nur $1/6$ davon — 45 Mk. — jährlich oder 3,75 Mk. monatlich innebehalten, um zur finanziellen Ausgestaltung des Unternehmens verwendet zu werden, so wird ein Kapital von $45 \times 300 = 13500$ Mk. jährlich sichergestellt, das den jährlichen Zinsendienst eines dem Unternehmen staatsseitig gewährten Anlage- und Betriebskapitales in Höhe von 270 000 Mk. — und zwar bei 5 % Verzinsung wahrnehmen könnte[1]). Und um dieses finanzielle Ergebnis zu erreichen,

---

[1]) Dieser Rententeilbetrag von $1/6$ ist natürlich nur beispielsweise gewählt; macht die Anlage des Unternehmens ein höheres Betriebskapital erforderlich, so ist der Rententeilbetrag zweckentsprechend zu erhöhen: Eine Erhöhung des Rentenbeitrages auf $1/3$ der Militärrente (in unserem Beispiele auf 90 Mk. jährlich = 7,50 Mk. monatlich) würde die finanzielle Ausgestaltung des Unternehmens mit einem Betriebskapitale von 540 000 Mk. ermöglichen.

brauchen sich nur 300 Kriegsinvaliden zu vereinigen, braucht ein jeder nur durchschnittlich 3,75 Mk. monatlich, also etwas über 12 Pfennig täglich, von seiner M i l i t ä r r e n t e (Kriegszulage und Verstümmelungszulage verbleiben ihm ungeschmälert) sich in Abzug bringen zu lassen, um die Vorteile einer festen Arbeitsgelegenheit mit ausreichender Löhnung, ja mit Gewinnzuschüssen zum Arbeitslohne zu genießen, um die Vorteile guter, gesunder Wohnung und die Verbilligung der ganzen Lebensführung auf der Grundlage einer ökonomischen Assoziation zu erlangen.

Der Staat büßt die gewährten Kreditmittel nicht nur nicht ein, sondern empfängt dafür eine fünfprozentige, also rentable Verzinsung, ohne ein Risiko dabei einzugehen; denn die Beiträge sind, da sie von den Renten monatlich gleich von vornherein zum Abzuge gelangen, durchaus hinsichtlich des Einganges gewährleistet, so daß ein Verwaltungsaufwand hinsichtlich einer etwaigen Einkassierung dieser Beiträge überhaupt nicht in Frage kommt.

Man möge nicht einwenden, daß mein Exempel nur richtig bleibt, wenn immer die gewisse Anzahl von Kriegsinvaliden sich findet und dem Unternehmen erhalten bleibt. Über diese Schwierigkeit hilft einmal die äußerst große Zahl der Kriegsverletzten hinweg, so daß sich mit Rücksicht auf die großen ökonomischen Vorteile stets Beitrittswillige finden werden, die die Lücken etwaiger ausgetretener Invaliden wieder ersetzen; andere zahlenmäßige Unebenheiten hinsichtlich der Höhe der Rente werden sich aber nach dem Gesetze der großen Zahl immer ausgleichen.

12. Die Absatzfrage des Unternehmens und ihre Lösung.

"Drei Klagen," sagt Beatrice Webb-Potter, die gründliche Kennerin der britischen Genossenschaftsbewegung, "kehren in den trostlosen Berichten über die Versuche von Produktivgenossenschaften immer wieder: Mangel an Kapital, Mangel an Absatz und Mangel an Disziplin." Und von den fehlgeschlagenen Versuchen deutscher Produktivgenossenschaften sagt Häntschke dasselbe: "Unzureichende Betriebsmittel, zu weite Ausdehnung der Geschäfte, Mangel an kaufmännischen Kenntnissen, Uneinigkeiten und Streitigkeiten, innere Unzufriedenheit" sind die Ursachen des Versagens der Produktivgenossenschaftsform.

In der von uns empfohlenen Kriegsinvalidenvereinigung sind die beiden Klippen, an denen das Problem bisher scheiterte, bereits umgangen. Der Mangel an Kapital ist durch eine Kapitalisierung der Rentenberechtigung behoben; der Mangel an Disziplin wird durch die eigenartige Unternehmungsform beseitigt, indem die organisatorischen Mängel einer Selbstverwaltung der Unternehmung durch die Arbeitsbeteiligten selbst — bisher die Quelle aller Disziplinlosigkeit — durch ein geregeltes Arbeits- und Dienstverhältnis vermieden werden. Keine demokratische, sondern eine autoritative Leitung beherrscht das Unternehmen, indem die beschäftigten Kriegsinvaliden nicht als genossenschaftliche Unternehmer nebeneinander, sondern als Angestellte einer autoritativen Leitung gegenüberstehen.

So bliebe noch übrig die dritte Klippe, die zu umgehen wäre: Der Mangel an Absatz. Hier wendet sich die

Kriegsinvalidenvereinigung wie jedes andere privatwirtschaftliche Unternehmen an den offenen Markt, und es kann kein Zweifel bestehen, daß sie von Konjunkturschwankungen wie jeder andere Geschäftsbetrieb überrascht werden kann, es sei denn, daß mit Rücksicht auf die Versorgungsnotwendigkeit der in ihr beschäftigten Kriegsinvaliden gewisse Garantien eines geregelten und lohnenden A b s a t z e s geboten werden.

Als solche Garantien bezeichne ich:
1. Ausdehnung der Staatsindustrie auf alle solche Gewerbe, deren Produkte der Staat selbst in seinen zahlreichen Betrieben, Anstalten und Verwaltungen in größeren Mengen benötigt;
2. Ausdehnung der Staatsindustrie auf solche Gewerbe, deren Produkte Gegenstand einer Monopolherstellung sein können.

Im ersteren Fall wird ein festes Absatzgebiet mit einem ziemlich genau zu veranschlagenden jährlichen Bedarfe geschaffen, dessen Kundschaft der Staat ist. Die Qualität dieses Kunden bürgt dafür, daß er im Interesse der Versorgung seiner Kriegsinvaliden andere etwa unterbietende Angebote der privaten Konkurrenz zurückweist.

Im zweiten Falle der Monopolherstellung wird die Konkurrenz überhaupt ausgeschaltet, der Absatz somit konkurrenzlos sichergestellt. Das bedeutet zwar einen Eingriff in die Gewerbefreiheit. Sofern er sich aber auf einzelne wenige Branchen, z. B. die Tabakindustrie beschränkt, bedeutet die damit sichergestellte Versorgung von Kriegsinvaliden einen viel größeren wirtschaftlichen und ethischen Vorteil im allgemeinen Interesse, als Nachteile durch etwaige Schädigung einzelner privater Interessen möglich sind.

Aber auch wenn man nicht so weit in der Ausgestaltung des Staatssozialismus gehen würde, ließen sich überdies gewisse Garantien des Absatzes für die Kriegsinvalidenvereinigungen finden, falls ihnen die Verrichtung solcher Arbeiten durch feste Verträge zugewiesen würde, deren Anfertigung durch vollwertige Arbeitskräfte in normalen Betrieben zu kostspielig wäre. Hierzu rechne ich alle solche industrielle Arbeitsprozesse, denen die Leistungsfähigkeit der Kriegsinvaliden gewachsen ist und die ohne besondere Schwierigkeiten aus dem Zusammenhange des privaten Fabrikbetriebes losgelöst werden könnten. Eine Garantie für den Absatz finde ich darin, daß die Anfertigung gewisser Arbeiten durch vollwertige Arbeitskräfte für die Unternehmer in Zukunft zu kostspielig werden wird; denn offenbar werden die Lohnsätze für vollwertige männliche Arbeitskräfte nach dem großen Menschenverluste eines langen, mörderischen Krieges ganz erheblich steigen, so daß ihre Verwendung zu gewissen Arbeitsverrichtungen im Industriebetriebe zu teuer und daher unrationell wäre. Ihre ständige Übertragung an die Kriegsinvalidenvereinigungen sichert diesen dauernde Beschäftigung.

13. Warnungen vor Verwechselungen des neuen Programms mit ähnlichen Bestrebungen.

Man verwechsele mein Programm nicht mit den Bestrebungen, die in der Denkschrift der deutschen Gartenstadt-Gesellschaft und in der Eingabe des Reichsvereins der liberalen Arbeiter und Angestellten niedergelegt sind; auch da wird Heim- und Werkstättenbildung auf genossenschaftlicher Grundlage empfohlen. Aber man entfernt sich dabei nicht von dem bisherigen Genossenschaftssystem und übernimmt alle die Schattenseiten der bisherigen Genossenschaftswirtschaft, welche die Lebensfähigkeit gewerblicher und industrieller Arbeiterproduktivgenossenschaften erstickten: die Genossenhaftung, die komplizierte Vermögensbeteiligung der Mitglieder, die Schwierigkeiten der Beschaffung zweitstelliger Hypotheken für die genossenschaftlichen Gartensiedelungen, die genossenschaftliche Selbstverwaltung mit ihren Auswüchsen der Disziplinlosigkeit und Uneinigkeit: alle diese Nachteile werden in den genannten Schriften auch für die empfohlene Heim- und Werkstättenbildung als tauglich befunden. Man geht dabei an den Erfahrungen der Geschichte der Produktivgenossenschaftsbewegung einfach vorüber. Man wiederhole es noch einmal: Nichts von diesen Schattenseiten genossenschaftlicher Organisation ist in meinem Programme vertreten. Es steht auf einem völlig neuen Boden: Keine Genossenhaftung, keine Schwierigkeiten in Vermögensbildung und Anteilsbeteiligung, keine Auswüchse unbotmäßiger Selbstverwaltung, keine Zurückziehung der Kapitalanteile und Schmälerung des Gesellschaftskapitales bei Austritt von Mitgliedern, ja unter Umständen auch keine Absatzschwierigkeiten. Und das alles ohne Zwang, ohne fühlende Bevormundung! Unsere Vorschläge lassen vom bisherigen Genossenschaftstyp nur so viel übrig, als es gilt, eine Vielheit von Personen zweckmäßig zu organisieren, und fügen an Stelle eliminierter Grundsätze bisheriger Genossenschaftswirtschaft die wohl erprobten Leitsätze kapitalistischer Unternehmungsformen ein; und doch ist unser Typ eine wirkliche Genossenschaft in dem uralten, germanischen Genossenschaftssinne: sie umfaßt die Vielheit der Kriegsinvaliden in einer selbständigen Vereinigung, sie beruht auf der Selbsthilfe der Beteiligten, indem Vereinigungswille auf freiem Entschlusse sich gründet und Vermögensgrundlage die kapitalisierte Teilrente der Vereinigten bildet, sie wirkt streng gemeinnützig für alle in ihr Vereinigten ohne egoistischen Sondernutzen und kennt unbeschadet einer zentralen Leitung einen gewissen Anteil an der Verwaltung und dem Gewinne des Unternehmens.

14. Die Reife der Zeit für die Verwirklichung des Programms.

Die drei Schwierigkeiten, Mangel an Kapital, an Disziplin und Absatz, an denen die gewerblichen Produktivgenossenschaften bisher scheiterten, sind somit behoben: Die Idee der gemeinschaftlichen Werkstättenbeschäftigung mittelloser Arbeiter, mit der sich die größten Sozialpolitiker zu Mitte des vorigen Jahrhunderts abgemüht haben, ist wegen der Rentenqualifikation der beitretenden Kriegsinvaliden und bei geeigneter Arbeitsform praktisch gut ausführbar. Was Huber und Schulze=Delitzsch ersehnten, wozu Lassalle leidenschaftlich begeisterte, was auch Bismarck in nüchterner Geschäftspolitik zum Wohl der arbeitenden Klassen sympathisch begrüßte, nämlich arbeitswilligen Bevölkerungsklassen das Recht auf Arbeit in produktivgenossenschaftlicher Form zu bieten, kann sich erst nach dem größten Kriege erfüllen. Und die körperlichen Opfer, die das Schicksal den tapferen Helden des größten Krieges durch Verstümmelung auferlegte, bilden zugleich wieder in dem Äquivalent der Rentenberechtigung die Mittel zur finanziellen Ermöglichung und Durchführung produktiv=

genossenschaftlicher Ideen. So wandelt sich ehrenvolles Schicksal unserer Kriegshelden bei vernunftgemäßer Anwendung industrieller und ökonomischer Genossenschaftswirtschaft in auskömmliche und zufriedene Lebensexistenz.

Mögen diese Gedanken nicht nur Bestrebungen, mögen unsere maßgebenden Fürsorger für Kriegsinvaliden nicht achtlos vorübergehen, sondern die große innere und sittliche Größe verstehen lernen.

Hier handelt es sich um ein genossenschaftliches Reformwerk, dessen Tragweite und Tiefe heute vielleicht nur wenige begreifen und verstehen — wenn vielleicht auch aller Herzen das Schicksal unserer Kriegsverletzten berührt. Und was viele andere in dunklem Drange suchen, hier finden sie zugleich die Grundzüge eines großen sozialen Versöhnungswerkes, welches bestimmt sein kann, alte Ideale unseres Volkes in neuen Gebilden verwirklicht zu sehen.

15. Schlußwort.

Ich habe dieser Schrift noch einige wenige Bemerkungen nachzuschicken. Die Vorschläge sind so aufzufassen, daß sie sich in die bisherige Fürsorgeorganisation eingliedern sollen. Sie wollen nicht in Widerspruch zu den bisherigen Fürsorgemaßnahmen treten, sondern deren Lücken schließen, indem sie letzten Endes eine Unterkommensstätte für solche Kriegsinvaliden bereiten wollen, die nach den herkömmlichen Vorschlägen restlos nicht versorgt werden können.

In dem Gefühl vieler Kriegsinvaliden drängt sich immer wieder der Gedanke auf, daß sie wohl anfänglich eine Stellung erhalten, solche aber bei Rückkehr ihrer unversehrten Kameraben aus dem Felde gegenüber diesen vollwertigen Arbeitskräften im rücksichtslosen Arbeitskonkurrenzkampfe auf die Dauer nicht werden behaupten können. Daher soll das neue Programm den Gedanken verwirklichen, analog der Arbeitslosenversicherung eine Einrichtung zu schaffen, durch die den Kriegsinvaliden außerhalb des gewöhnlichen, frei privatwirtschaftlichen Rahmens eine Sicherheit gegen unverschuldete Arbeitslosigkeit geboten wird. Zugleich sollen die „Kriegsinvaliden-Gesellschaften" eine gemeinschaftliche Betriebsstätte bieten, um die vom Fabrikbetriebe nicht aufgenommenen Kriegsverletzten und ihre Angehörigen vor den schweren Gefahren ungeregelter Heimarbeit zu bewahren.

Mit diesem neuen Programm möchte ich daher der Kriegsinvaliden-Fürsorgeorganisation eine Gesellschaftsform zur Verfügung stellen, die es dem Staate ermöglicht, neben dem ärztlichen Heilprinzip und dem Rentenzahlungsprinzip auch das mehrfach geforderte, sich aber viel schwieriger gestaltende Prinzip der Arbeitszuweisung zur Geltung zu bringen.

Zwischen der Abfassung dieser Schrift (Juni 1915) und ihrer Herausgabe ist die sehr beachtliche Untersuchung von Professor Christian J. Klumker, „Die Fürsorge für die Veteranen dieses Krieges", im Septemberhefte der „Deutschen Rundschau" erschienen. Ich freue mich, in Professor Klumker und auch in Dr. Kraus („Das Berufsschicksal Unfallverletzter 1915") Verfechter gleicher Ideen gefunden zu haben. In der Voraussetzung wie in ihren Folgen besteht die Übereinstimmung, und hier mag in der „Kriegsinvaliden-Gesellschaft" ein Einzelvorschlag geboten werden, wie sich die Lösung des

Versorgungsproblems organisatorisch gestaltet. Solche unabhängig voneinander bestehende Übereinstimmung mag daher denen zu denken geben, welche glauben, mit den bisherigen Maßnahmen auf regulärem Wege auskommen zu können und in jeder organisatorischen Arbeitsveranstaltung einer Vielheit von Erwerbsbeschränkten Gefahren solcher „Häufung" befürchten. Erblickt man die Gefahren solcher Häufung von Kriegsbeschädigten darin, daß ein gemeinschaftliches Zusammenarbeiten einer organisierten Unzufriedenheit gleich käme, so vergißt man einmal, daß solche Anhäufung von Kriegsinvaliden bei ihrer Unterbringung in den großen privaten Betrieben sich ebenfalls nicht vermeiden läßt, und scheint zu übersehen, daß Kriegsbeschädigte in ihrem Kreise weniger zu Anstellung von Vergleichen Gelegenheit besitzen, als wenn sie neben körperlich gesunden Arbeitern tätig sind, deren vollwertige Leistungen sie nicht erreichen können. Überdies werden sich die Arbeits- und Lohnverhältnisse in der Kriegsinvalidengesellschaft so gestalten, daß Veranlassung zu Klagen der Unzufriedenheit nicht aufkommen werden.

Printed by Libri Plureos GmbH
in Hamburg, Germany